Hailey auf der Erbse

Martin Worst

(Neuausgabe 2021)

Geschichten aus dem Leben eines Hundes, erzählt von einer Hündin, übersetzt von Martin Worst.

Heitere Betrachtungen und Argumente für Unentschlossene, die (k)einen Hund aufnehmen wollen.

Illustriert von Samantha Glińska

Danke

Ich danke von Herzen meiner Freundin Samantha für ihre ach so treffenden Aquarell-Zeichnungen. Unsere herzlichen Treffen in der Tucholer Heide bleiben mir immer in bester Erinnerung.

Martin Worst

Hailey auf der Erbse

Neuausgabe 2021

Impressum

1. Auflage

Bibliografische Information der Deutschen Nationalbibliothek:
Die Deutsche Nationalbibliothek verzeichnet diese Publikation in der Deutschen Nationalbibliografie; detaillierte bibliografische Daten sind im Internet über http://dnb.dnb.de abrufbar.

Illustrationen von Samantha Glińska

Herstellung und Verlag: BoD – Books on Demand, Norderstedt

ISBN: 9783752692242

Inhaltsverzeichnis

Von A wie Abstammung bis Z wie Zuhause   7

Geburt und Familie 7

Die neue Familie   12

Mein Stammbaum 14

Hundeausstellungen 16

Ausbildung zum DiabDog   22

Mein Haus, mein Garten, mein Auto 24

Mein Personal   28

Meine Freundin 30

Auf Reisen   32

Polnische Würstchen in Holland   32

Urlaub in der Tucholer Heide 37

Katzenjagd in der Heide 38

Wo ist Bora?   40

Hühner hüten   43

Chivo und die Schokolade 46

Ausflug ins Münsterland 49

Hundsgeschichten 51

Tante Hedwig und die Mundharmonika 51

Klaus und das Frühstück 54

Verletzt 56

Trunksucht   58

Seehund   64

Geldsuche 66

Überraschungseier   69

Wurst und Beute   71

Wildschweinjagd   72

Kinder   74

Hundeflüsterer und schlechte Angewohnheiten 76

Von A wie Abstammung bis Z wie Zuhause

Geburt und Familie

Bevor ich euch Geschichten aus meinem Leben erzähle, stelle ich mich und meine Familie kurz vor. Denn ihr wollt sicher wissen, mit wem ihr es zu tun habt. Also gestatten: „Hailey, Bayerische Gebirgsschweißhündin mit Auszeichnungen und abgeschlossener Ausbildung".

Ich entstamme einer achtbaren Familie von Schweißhunden. Wir Schweißhunde sind dem Menschen seit Jahrhunderten treue und aufrichtige Gefährten bei der Jagd und im Alltag. Ihr könnt mir also die folgenden Geschichten glauben. Sie haben sich so zugetragen und und sind nicht erfunden. Doch zunächst erzähle ich euch etwas mehr über mich und meine Familie.

Am 9. September 2009 erblickte ich in dem winzigen pommerschen Dorf Bozepole Krolewskie mit sieben Geschwistern das Licht der Welt. Meine menschlichen Eltern Gosia und Leschek waren sehr stolz auf uns, denn wir alle waren gesund und prächtig geraten.

In den ersten Tagen nach unserer Geburt konnten wir unsere Augen nicht öffnen und so blieben wir stets ganz nah bei Mama Szekla. Als wir schon etwas älter waren, tobten und spielten wir herrlich auf dem Hof unserer zweibeinigen Eltern. Ich verbrachte dort eine sehr schöne und unbeschwerte Zeit mit meinen Geschwistern.

Wenn wir es zu toll trieben, knurrte Mama kurz und gab uns mit Schnauze oder Pfote einen Stups. Schnell ward wieder Ruhe und Ordnung. Für mich war es ein großes Vergnügen, Mamas wedelnder Rute hinterherzujagen. Wenn Mama davon genug hatte, kniff sie mich kurz und ich ließ es sofort sein.

Mama Szekla und Gosia haben uns beigebracht, Zweibeiner nicht zu kneifen und vierbeinige Artgenossen anständig zu behandeln.

Mein Vater wird „Coca-Cola" gerufen. Sein Name ruft bei Menschen oft Verwunderung hervor. Ich weiß aber nicht warum, habe ihn auch nie gesehen. In der Familie erzählen Gosia und Leschek, dass er wegen seiner hervorragenden Arbeitsweise viele Auszeichnungen erhalten habe und sehr berühmt sei. Er ist sicherlich in der ganzen Welt unterwegs, um Autogramme zu geben.

Im November meines Geburtsjahrs hatte es früh geschneit und wir Welpen, so bezeichnen Menschen uns Hunde, wenn wir noch Kinder sind, konnten im Schnee herumtollen. Wir fingen Schneeflocken und jagten einander. So verbrachte ich glückliche Wochen und wuchs heran.

Ich war elf Wochen alt, da kam ein großes Auto auf unseren Hof gefahren. Es stiegen drei Frauen aus. Gosia begrüßte sie herzlich. Die fremden Menschen redeten in einer Sprache, die ich nie zuvor gehört hatte und begleiteten Gosia ins Haus. Dort sprachen sie lange mit ihr und ab und zu fiel mein Name.

Später kamen die drei Besucherinnen mit Gosia auf den Hof hinaus. Sie zeigte mit ihrem Finger auf mich und rief: „Das ist Hailey!"

Die ältere Frau mit dem dunklen Mantel eilte auf mich zu und nahm mich auf ihren Arm. Sie kraulte und streichelte mich dabei. Auch die beiden anderen Besucherinnen vermuteten wohl, dass ich noch nicht weit laufen könnte, denn auch sie nahmen mich auf ihren Arm und trugen mich umher. Die Jüngere wurde Caroline gerufen, die ältere Jola.

Ich ahnte nicht, dass dies mein letzter Tag bei Gosia und Leschek und meiner vierbeinigen Familie in Pommern sein würde.

Später trug mich die Zweibeinerin mit dem dunklen Mantel in ihr Auto. Sie heißt Karin und ist meine neue menschliche Mutter. Sie war freundlich und liebkoste mich. Auch Caroline, Tochter von Karin, sprach leise zu mir und kraulte mich ausgiebig. Immerzu beschäftigte sich jemand mit mir. So war ich nicht lange traurig, als wir den Hof meiner Eltern verließen.

Meine neue Heimat liegt sehr weit von Bozepole Krolewskie entfernt und die Fahrt mit dem Auto dauerte viele Stunden. Die Reise durch winterliche Landschaften war beschwerlich. So übernachteten wir in einem winzigen Dorf in Westpommern.

Nach der Gassirunde am Morgen und einem kleinen Frühstück stiegen wir wieder in das große Auto. Stundenlang durchquerten wir die nicht enden wollenden weißen Landschaften. Erst am späten Abend erreichten wir meine neue Heimatstadt in Deutschland.

Dort begrüßten mich Martin und Dennis. Dennis ist Carolines Freund. Martin ist Karins Ehemann und mein „Rudelführer". Zumindest glaubt er es bis heute.

Wie mir später zu Ohren kam, hatte er vor meiner Ankunft viele Beiträge im Fernsehen über Hundeerziehung angesehen! Er liebte Sendungen, in denen Hundeflüsterer Rat gaben. Aber zu Hundeflüsterern erzähle ich euch später noch etwas!

Dennis, so erzählt man, habe Angst vor Hunden. Doch ich glaube dies nicht. Wenn wir zusammen eine Gassirunde drehen, ist er mutig und ich musste ihn nie vor fremden Hunden oder Menschen beschützen.

An diesem Abend war ich sehr müde und wurde in mein Körbchen zum Schlafen gebracht. Ich wollte aber lieber bei Karin unter der Bettdecke schlafen! Martin hatte allerdings bestimmt, dass ich nicht in einem Bett schlafen darf.

Ich fiepte so lange, bis Karin mich zu sich ins Bett nahm. Schließlich bin ich doch ein Rudeltier und liebe Gesellschaft, auch nachts beim Schlafen!

Und in einem Bett schlafe ich bis heute, obwohl Martin ursprünglich dagegen war. Ich hatte mich durchgesetzt.

In den nächsten Tagen bekam ich zahlreichen Besuch. Sämtliche Tanten und Onkel wollten mich sehen und bestaunen. Und immer wieder hörte ich den Satz: „Ach wie süß, die Kleine!"

Bis ich im Laufe der Zeit alle Familienangehörigen und Freunde kennenlernte, vergingen mehrere Wochen. Ich bin wohl in eine sehr große Familie geraten.

Die neue Familie

Ich kann meiner neuen zweibeinigen Familie nur bescheinigen, dass sie mich von Anfang an gut behandelte und Rücksicht auf meine Bedürfnisse nahm. Glücklicherweise hatten alle Familienmitglieder bereits vor meiner Ankunft eine beachtliche Anzahl von Büchern über „Bedürfnisse von Hunden und Welpen" gelesen und wussten, was so ein kleiner Hund alles braucht. Es fehlte mir an nichts. Spielzeuge, Decken, Leckereien aller Art, Futter und eine Schlafbox – alles war vorhanden. Vieles sogar doppelt und für mich viel zu groß.

Meine Wünsche wurden meist sofort erfüllt, wenn ich den Zweibeinern einen „Dackelblick" zuwarf. Wie dieser Blick auszusehen hat, damit er bei Zweibeinern wirkt, hatte ich mir bei den jungen Dackeln auf dem Hof meiner ersten Familie abgeschaut.

Und auf meine Gesundheit wurde natürlich streng geachtet. Anfangs wurde ich die Treppe im Hause hinauf- und hinuntergetragen. Bis Karin einmal meine erste zweibeinige Mutter am Telefon fragte, ab welchem Alter ein Welpe Treppen steigen darf.

Von da an war es mit dieser Annehmlichkeit vorbei. Weil ich halt kein kurzbeiniger Dackel bin, musste ich fortan Treppen selber auf- und absteigen. Dackel haben gegenüber anderen Vierbeinern also mindestens zwei Vorteile: Dackelblick und kurze Beine!

Meinen normalen Tagesablauf möchte ich Euch gern einmal beschreiben.

Morgens mit Martin eine Runde Gassi gehen, dann frühstücken und ausruhen. Mittags mit Caroline oder Karin eine kleine Runde drehen und spielen. Anschließend wieder ausruhen. Und später, wenn Martin von der Arbeit heimkommt, gehen wir noch einmal eine längere Runde spazieren. Und dann – ab ins Bett!

Auf diese Weise verging die Zeit ganz angenehm und ich wuchs zu einem Junghund heran. So nennt man uns Hunde, wenn wir sechs Monate alt sind.

Erwähnen muss ich an dieser Stelle die fiese Zeit des Zahnwechsels. Ständig suchte ich etwas zum Knabbern. Wenn ich einmal mit meinen kleinen spitzen Milchzähnchen den Finger eines Zweibeiners anknabberte, quietsche dieser gleich: „Autsch", und Karin oder Martin riefen mir zu: „Hailey, nein!"

Dies erinnerte mich an das Spiel mit Mama Szekla und ihrer Rute! Aber Menschen waren mit ihrem „Nein" nie so konsequent, wie es Szekla war!

Da haben die geschätzten Hundeflüsterer Recht, Konsequenz ist bei unserer Erziehung wahrlich wichtig.

Nach meiner Erfahrung sind die meisten Zweibeiner jedoch bei unserer Ausbildung nicht sehr konsequent.

Mein Stammbaum

Ich möchte nicht eitel erscheinen! Aber, so behaupten es zumindest die Zweibeiner, ich entstamme einer sehr guten Familie! So habe ich neben einem internationalen Pass ein Impfbuch und eine Abstammungsurkunde. Mit einem Hologramm, was immer das auch sein mag!

Mein Stammbaum wurde von Martin obendrein in der Form eines Baumes gemalt und er kennt die Namen meiner Eltern, Großeltern, Urgroßeltern und so weiter.

Mir bedeutet dieser Stammbaum wenig, aber wenn ich anderen Vierbeiner davon erzähle, schauen diese mich mit großen Augen an. Ja, manche Vierbeiner kennen nicht einmal ihre Eltern!

Ich bedaure diese armen Geschöpfe! Ihr werdet im nächsten Kapitel erfahren, warum ein Stammbaum so wichtig ist.

Gosia hatte Karin immer wieder darauf hingewiesen, dass ich eine außergewöhnlich hübsche Hündin sei. Und ihr geraten, mit mir Hundeausstellungen zu besuchen. Dort würden Sachkundige amtlich bestätigen, dass ich eine besonders schöne Schweißhündin und obendrein auch für die Zucht geeignet sei.

Irgendwann hat Karin diesen Vorschlag aufgegriffen.

Und so wurde ich zu einer Hundeausstellung angemeldet. Aber von Anfang an…

Ist das mein Stammbaum?

Hundeausstellungen

Als das Wort „Hundeausstellung" das erste Mal in unserer Familie laut ausgesprochen wurde, gab es ein ebensolches Gespräch zwischen Karin und Martin. Ja, ich muss euch sagen, dass mein zweibeiniger Vater sofort dagegen war! Er hatte schließlich viele Bücher über Hunde gelesen und wusste, dass solche Wettbewerbe großen Stress für Hunde mit sich bringen.

Zudem sei es einem Hund nicht zuträglich, wenn er auf einer solchen Ausstellung wie ein Objekt zur Schau gestellt würde.

Es folgten zahllose Debatten zum Thema Hundeausstellungen. Doch irgendwann hatte Karin Martin überredet. Und so wollten meine zweibeinigen Eltern mit mir zunächst in der Nachbarstadt Dortmund einen Auftritt wagen.

Meine Erkenntnis vorab: Ausstellungen sind der absolute Stress. Höllisch aufregend – für Zweibeiner! Und nicht gerade billig!

Zunächst musste Karin mich schriftlich beim Veranstalter anmelden und eine Gebühr berappen. Karin bezahlte dafür, dass mich fremde Menschen bewundern dürfen? Erstaunlich.

Obendrein musste meine Original-Abstammungsurkunde mit Hologramm vorgezeigt werden. Ohne diese hätte ich auf Ausstellungen gar nicht mitmachen dürfen. Jetzt wusste ich, wofür das Hologramm wichtig war.

Endlich war es so weit, Anmeldung und sämtliche Formalitäten waren erledigt. Der Tag der Ausstellung war gekommen.

Karin und Martin waren gehörig aufgeregt, als wir zu unserer ersten Ausstellung fuhren.

Sie kamen, nebenbei bemerkt, nicht umhin, neuerlich Geld auszugeben. Diesmal für das Auto. Damit es abgestellt werden darf. Eigenartig.

Vom Parkplatz liefen wir zur Ausstellungshalle. Wir stellten uns am Ende einer zweibeinigen Schlange an. Nach langer Wartezeit gelangten wir endlich in die Halle. Dort erwartete uns die Hölle.

Ein Höllenlärm schon in der Vorhalle, alle Zwei- und Vierbeiner schienen sich zugleich zu unterhalten. Das war anstrengend für meine Schlappohren! Das war Stress!

Als wir die große Halle erreichten, witterte ich hunderte, ja tausende Gefährten. Ich konnte unmöglich jeden Genossen beschnuppern oder gar begrüßen.

Da roch ich etwas Anderes – Futter! Das war etwas für mich! An jeder Ecke der riesigen Halle lockte der Duft einer neuen Leckerei uns beste Freunde des Menschen an. Es gab getrocknete Straußenhälse, Kängurufleisch und andere exotische Genüsse.

Wenn die Zweibeiner doch nur verstünden, dass wir Hunde keinen Wert auf exotische Speisen legen! Wir achten auf Geschmack und Frische! Da könnten die Besucher hier eine Menge Geld sparen. Aber so verdienen die Händler viel Geld und kaufen ihren eigenen Hunden sicherlich frisches Rindfleisch. Oder Putenbrust! Lecker, lecker!

Aber zurück zur Ausstellung! In der riesigen Halle suchten wir den Ring für die Bayerischen Gebirgsschweißhunde.

Ring, so nennen die Veranstalter einen abgesteckten Kreis, der manchmal eckig ist und in welchem wir Hunde, nach Rasse getrennt, uns präsentieren müssen. Wir laufen dazu im Kreis und werden nach unserem Erscheinungsbild bewertet.

Nachdem wir endlich den richtigen Ring erreichten, mussten wir warten, bis es ernst wurde! Und dann endlich durfte ich in den Ring. Ich drehte meine Runden - stolz und voller Anmut.

Ein Mann beobachtete mich bei meinem Lauf im Kreis ganz genau, es war der Richter. Er sagte etwas zu seinem Helfer, dem Ringsteward. Dieser nickte zustimmend und begab sich zum Ringschreiber. Dieser schrieb darauf etwas in ein Buch. Letztlich betrachtete der Richter meine Zähne und meine Rute. Ich kam mir vor wie ein Gaul auf dem Pferdemarkt und befürchtete, gleich verkauft zu werden.

Nachdem diese Prozedur vorüber war, mussten sich alle Vier- und Zweibeiner nochmals gedulden. Erst, wenn alle Hunde einer Rasse den Ring durchlaufen haben, wird ein Urteil abgeben und eine Note festgelegt.

Von meiner Rasse waren augenscheinlich nicht sehr viele Hunde auf dieser Ausstellung und so wurde auf der Stelle gewertet.

Uff, nach erneuter, schier endloser, Wartezeit wurden dann die Hundehalter mit Hund der Reihe nach in den Ring gebeten. Es wurden die erreichten Punkte für den jeweiligen Hund bekanntgegeben. Puh, puh! Als Caroline, die mich im Ring an der Leine herumgeführt hatte, aufgerufen wurde, waren Karin und Martin wahrlich angespannt.

Wenn ich nicht mindestens ein „Sehr gut" oder besser noch ein „Vorzüglich" vom Richter zugesprochen bekam, entsprach ich nicht irgendwelchen Standards, die sich irgendwelche Menschen irgendwann einmal für uns Hunde ausgedacht hatten.

Der Richter gab das Urteil „Sehr gut" für mich bekannt. Karin und Martin waren überglücklich.

Tolle Wurst! Mir war das Ganze auch im Sinne des Wortes wurst, ich hatte nach den vielen Stunden nur noch Hunger und wollte eine solche gerne fressen. Doch erst zuhause erhielt ich meine verdiente Belohnung, keine Känguruwurst, aber ein großes Stück Leberwurst, lecker, lecker!

Ehrlich, solche Ausstellungen brauche ich nicht! Die sind schon eher etwas für die eitlen Pudel mit ihren farbigen Haaren, die aussehen, als wollten sie gleich in die Disco!

Menschen haben festgelegt, Hunde auszustellen und zu beurteilen. Wenn wir ihren Vorstellungen entsprechen, bekommen wir gute Noten. Und eine Urkunde. Haben wir dreimal gute Noten erreicht, können auch unsere Welpen die begehrte Abstammungsurkunde mit Hologramm erhalten. Aber nur, wenn auch der Vater der Kinder so erfolgreich war.

Wird man mich fragen, ob mir so ein Männchen mit Urkunde als Vater meiner Kinder zusagt? Wohl nicht.

Na ja, wenn der Richtige kommt, nutze ich eine geeignete Gelegenheit! Und ich werde ihn nicht nach irgendwelchen Papieren fragen!

Wir besuchten nach meinem Erfolg in Dortmund noch zwei Ausstellungen.

Ein „Vorzüglich" mit dem Zusatzprädikat „Bester Hund der Rasse" in Hannover und ein weiteres „Sehr gut" habe ich in Dortmund für Karin und Martin erreicht! Dann war Schluss mit Ausstellungen.

Karin berichtete Gosia von diesen Erfolgen. Beide waren sehr stolz auf mich. Ich danke Szekla und Coca-Cola für meine Anmut.

Einen Vorteil hatte ich vom Besuch der Ausstellungen – jedes Mal gab es nach der Vorstellung eine große Wurst und viele nette Worte der Anerkennung!

Überdies ist mein Status im Familienkreis durch die Urkunden gestiegen, ich bin jetzt unumstritten das Alphatier in der Familie. Und solange Karin und Martin keinen Hundeflüsterer buchen, der den Beiden etwas „flüstert", behalte ich diesen Platz!

Für Karin und Martin ist der Stress jedenfalls vorbei und für mich war es eine interessante Erfahrung. Ich kann jetzt mitreden, wenn es um Hundeausstellungen geht.

Ausbildung zum DiabDog

Aber natürlich ist für mich nicht nur mein Äußeres wichtig! Und obwohl ich nicht eingebildet bin, muss ich es ein weiteres Mal erwähnen. Ich besitze eine abgeschlossene Ausbildung zum Diabetikerwarnhund, ich bin ein DiabDog!

Ich zeige Menschen sicher und rechtzeitig an, dass sie unterzuckern. So ein Umstand ist für Diabetiker sehr gefährlich. Sie haben Angst vor diesem Zustand, denn sie können dabei ohnmächtig werden oder sogar sterben.

Und weil Menschen diese Situation manchmal zu spät bemerken, bilden sie uns Hunde aus, damit wir ihnen rechtzeitig anzeigen, dass ihr Zuckerspiegel sinkt. Noch ehe sie ins Koma fallen.

Jedoch ist auch ein hoher Blutzuckerwert für Menschen gefährlich, weil dabei Gefäße im Körper geschädigt werden. Und wenn wir DiabDogs im Job gut sind, bemerken wir sogar diese Gefahren.

Ich war noch keine sechs Monate alt, als man mir beibrachte, eine drohende Unterzuckerung festzustellen und anzuzeigen.

Ich habe Zweibeinern nie verraten, wie ich eine Unterzuckerung bemerke. Ich stupse Martin in solchen Situationen am Oberschenkel und bringe ihm eine kleine Tasche, die er Notfallpaket nennt.

Darin sind ein Blutzuckermessgerät und etwas Glukose, also Traubenzuckerstückchen. So erklärt Martin jedenfalls Fremden, was sich in diesem wichtigen Täschchen verbirgt.

Außerdem habe ich gelernt, einen Alarmknopf zu drücken. Wenn Martin auf dem Boden liegt und sich nicht bewegt, laufe ich zu einem kleinen eckigen Kästchen in der Küche.

Dieses berühre mit Schnauze oder Pfote. Sofort ertönt ein lauter Signalton. Dann freuen sich alle Beobachter und ich bekomme eine Belohnung.

Das sind meine Aufgaben als DiabDog. Ich kann aber noch viel mehr! So hole ich auf Aufforderung eine Flasche mit Cola oder Wasser aus der Küche und ab und zu ziehe ich Karin die Socken aus, die ich dann in eine Schüssel werfe.

Und nun fragt ihr mich sicherlich, woher ich mein medizinisches Wissen besitze? Ich spitze halt immer meine Schlappohren, wenn Zweibeiner über Diabetes reden!

Mein Haus, mein Garten, mein Auto

Ich wohne, unter uns gesagt, in einem recht kleinen Haus. Nicht unbedingt standesgemäß, aber meinen zweibeinigen Eltern reicht es aus. Im Haus besitze ich fünf Schlafplätze, sämtlich mit einer kuscheligen Decke und mindestens einem Kissen ausgestattet!

Die Küche ist groß, aber mir würde eine kleine Küche mit dem großen Schrank für kalte Speisen und dem Herd zum warm machen von Würstchen reichen. Und ich nähme noch den kleinen runden Vorratsbehälter dazu, in den die Zweibeiner herrlich riechende Sachen, wie sauer gewordene Joghurts oder Ähnliches, werfen.

Bei uns wurde dieser kleine runde Vorratsbehälter, der einst in der Küche stand, abgeschafft. Denn einmal hatte ich den Deckel des Behälters geöffnet und einen herrlich duftenden Bratenschlauch samt Netz erbeutet und gefressen.

Obwohl ich den Plastikschlauch erbrach und, zur Freude von Karin und Martin, auch das Netz wieder ausschied, wurde ein Abfalleimer mit selbstöffnendem Deckel angeschafft.

Ich habe natürlich versucht, auch diesen Eimer zu öffnen, erschrak aber sehr, als meine Schnauze dem Deckel zu nahe kam und sich dieser, wie von Geisterhand bewegt, öffnete.

Seit jenem Tag mach ich einen Bogen um diesen Vorratsschrank.

Hinter meinem Haus liegt ein kleiner Garten. Dort sitzen Zweibeiner bei schönem Wetter an einem großen Tisch, essen Kuchen und plaudern. Oder sie liegen auf Gartenliegen und dösen. Manchmal spielen wir dort. Für mich wurden extra ein Tunnel zum Durchkriechen und ein Reifen zum Durchspringen angeschafft.

Na ja, ich habe diese Turnübungen ein paarmal gemeistert, aber jetzt schonen wir Tunnel und Reifen und die beiden Geräte liegen im Gerätehaus und ruhen sich aus.

Im Garten entspanne ich mich zwar, gehe dort aber auch meinem Hobby, der Jagd, nach. Fing ich allerdings eine Maus und spielte ein bisschen mit ihr, nahm Martin mir das Mäuschen gleich wieder weg. Er tauschte es zwar gegen ein Leckerli, doch damit konnte ich nicht fangen spielen. Ein schlechter Tausch also.

Manchmal besuchen uns Amseln und Tauben. Während ich hinter der Terrassentür sitze, laufen sie auf dem Rasen umher.
Öffnet jemand die Terrassentür, schleiche ich mich vorsichtig an. Natürlich sind die Vögel immer schneller! Sie lassen mich bis auf einige Zentimeter herankommen und fliegen dann auf. Vielleicht ist das für sie ein herrliches Spiel.

Im Frühjar und Sommer liege ich gern auf einem Liegestuhl oder einer Decke im Garten und genieße die Wärme. Ich träume dann von wilden Jagden und anderen Abenteuern.

Ein heikles Thema ist Buddeln im Garten.

Dabei spielt es keine Rolle, ob ich einen Knochen, den Karin mir gab, im Garten vergraben will, oder ob ich nach Mäuschen unter dem Rasen suche.

Sobald ich anfange zu buddeln, nimmt mir jemand den Knochen weg oder ruft: „Nicht nach Mäuschen suchen!“.

Dabei gibt es neben dem Rosenstrauch oder vor dem Fliederbusch so herrliche Plätze, um Schätze zu verstecken.

So, ich werde mit meinem Haus nicht weiter angeben, jetzt stelle ich euch noch kurz mein Auto vor.

Es hat vier Türen und auf der Rückbank wurde extra für mich eine Box eingebaut, die noch dazu angeschnallt wird. Damit mir, wie Martin sagt, „im Falle eines Falles“ nichts passiert.

Klimaanlage und Radio sind vorhanden und das Auto ist so groß, dass sogar Platz für meine vierbeinige Freundin ist.

Es reicht mir also vollkommen aus. Den Menschen ist die Zahl der Pferdestärken wichtig, wenn sie über Autos sprechen, aber davon habe ich keine Ahnung. Pferden geh ich lieber aus dem Weg, sie sind mir zu groß.

Mein Personal

Ich halte Hof und verfüge ich über ein wenig Personal. Karin kocht für mich und Martin ist für meine Unterhaltung, Spiele, Spaziergänge und Ausflüge zuständig.

Ihr habt mein Personal schon ein wenig kennen gelernt. Nicht immer macht das Personal, was ich mir wünsche, aber Martin betont ab und zu, dass es heutzutage schwierig sei, gutes Personal zu finden. So bin ich mit den beiden recht zufrieden.

Im folgenden Kapitel stelle ich euch meine beste Freundin vor. Tarka gehört schon zur Familie. Wir haben viele Abenteuer gemeinsam bestanden und manchmal verreisen wir zusammen.

Sie wurde auch zu einem DiabDog ausgebildet und war bereits im Fernsehen zu sehen. Etliche Zeitungen haben über ihre Arbeit berichtet und sie hat ihre Fähigkeiten an Universitäten und in Krankenhäusern vorgeführt. Sie ist eine kleine Berühmtheit.

Meine Freundin

Als ich mich bei Karin und Martin eingelebt hatte, besuchte uns unsere zweibeinige Freundin Jola mit Tarka.

Tarka ist, wie ich, eine Bayerische Gebirgsschweißhündin, nur ist sie sechs Monate älter.

Wir beschnupperten uns bei der ersten Begegnung zuerst einmal ausgiebig. Dann aber ging es los! Über das Sofa, raus in die Küche und wieder ins Wohnzimmer.
Sodann in den Garten und wieder ins Wohnzimmer. Wir hetzten uns durch das ganze kleine Haus und den winzigen Garten, bis wir nach einer guten Viertelstunde geschafft auf dem Sofa landeten und uns ausruhten. Ja, das war ein Spaß!

Weil es Winter und der Garten matschig war, hinterließen wir im Haus viele braune Pfotenabdrücke. Diese konnte man auf dem hellen Sofa besonders gut erkennen!

Mir gefiel die Gelassenheit, mit der die Zweibeiner unsere erste Begegnung und die Spuren unseres Kennenlernens hinnahmen. Und sich nicht um Möbel und Gegenstände sorgten.

Vor diesem Tag hörte ich von Martin schon einmal warnende Worte, wenn ich aus dem Garten kam und auf das Sofa sprang, ohne mir vorher meine Pfoten abwischen zu lassen.

Ich hatte gelernt, dass ein Unterschied besteht, ob ich allein oder zusammen mit meiner Freundin Spuren auf dem Sofa hinterlasse.

Besser gemeinsam, dann gibt es keinen Ärger. Vielleicht auch nur, weil die Zweibeiner nicht feststellen können, wessen Pfoten die Abdrücke hinterlassen haben.

Seit diesem Tag treffen Tarka und ich uns regelmäßig. Wir toben herum und spielen. Wir unternehmen mit unseren Zweibeinern Ausflüge und jagen sogar zusammen.

Auf Reisen

Polnische Würstchen in Holland

Die folgenden Ereignisse liegen zwar länger zurück, doch in erinnere mich recht gut an diese Zeit - besonders dann, wenn ich eine schwarze Katze sehe.

Karin und Martin waren mit mir auf ein großes Landgut in Holland gefahren. Wir trafen uns dort mit Freunden, Jadwiga und Mario.

Ein Landgut ist eine Ferienanlage mit schönem Park, vielen Bäumen und einem Schwimmbad. Dieses dürfen Hunde aber nicht benutzen. Wir Vierbeiner dürfen da nicht hinein, obwohl Schwimmen für Mensch und Hund gleichermaßen gesund ist! Ungerecht!

Im Zentrum der Anlage gibt es ein Geschäft. Doch auch dieses dürfen Hunde nicht betreten, obwohl es dort leckere Würste und holländischen Käse gibt. Noch eine Ungerechtigkeit!

Für uns Hunde sind direkt vor dem Laden Halter zum Anbinden angebracht. Welch ein Unsinn! Betreten Frauchen oder Herrchen das Geschäft, bellen wir Vierbeiner nach dem Anleinen solange, bis jemand zurückgelaufen kommt, um uns zu beruhigen.

Da ist den Zweibeinern die Lust am Einkauf schnell vergangen und so kaufen sie nicht viel ein. Ich fordere deshalb „Geschäfte für Vierbeiner öffnen" und „Freie Würste für alle Hunde"!

33

Wir waren gerade mal drei Tage im Ferienpark, das Wetter war schön und ich lag müde auf dem Sofa.

Karin und Martin grillten mit Jadwiga und Mario auf der Terrasse polnische Würstchen. Die Terrassentür war nur angelehnt, weil Mario die Würstchen „beobachtete", was ich natürlich ebenfalls die ganze Zeit über tat!

Plötzlich schlich eine dieser kecken Katzen, es war die große rotbraune Katze der Nachbarn, an der Tür vorbei. Welche Ungerechtigkeit! Katzen durften frei im Ferienpark herumlaufen! Uns Hunden war dies verboten.

Diese günstige Gelegenheit wollte ich auf jeden Fall nutzen, um der rotbraunen und allen anderen Katzen hier im Park mal zu zeigen, was ein echter Jagdhund drauf hat. Wenn man ihn nur ließ! Ich sprang auf und lief zur Terrassentür. Ehe Mario reagierte, war ich schon draußen. Hörte noch Martins Schrei: „Achtung! Katze! Hailey geht durch die Tür!" Zu spät!

Das war eine Hatz! Endlich mal eine Abwechslung in diesem langweiligen Park. So richtig nach meinem Geschmack! Einen kleinen Hügel rauf, einen Hügel runter! Die Katze floh auf einen Baum. Sie kletterte drei oder vier Meter hoch, da kam ich natürlich nicht nach. So wartete ich unter den Baum und bellte die Katze an.

Ich sah, dass Martin mit der Leine in der Hand heraneilte.

Ich musste mich beeilen, wollte die Katze vom Baum jagen, sonst würde Martin mir wieder den Spaß verderben! Ich bellte lauter! Endlich zeigte mein Bellen Wirkung!

Die Katze kletterte den Baum weiter hinauf. Aber der Ast, auf den sie stieg, brach ab.

Es ging bergab für die Katze! Sie landete einige Meter entfernt von mir auf weichem, moosigem Grund und lief sofort weg.
Ich hinterher!

Aus heiterem Himmel kam uns eine weitere, eine schwarze Katze entgegen. Die schwarze Katze bemerkte mich und floh geradewegs in die andere Richtung. Weil sie mir näher war, flitzte ich hinter ihr her, die Rotbraune würde ich mit später vornehmen!

Die schwarze Katze lief einige Meter nach rechts über ein Ferienhausgrundstück und flüchtete auf einen Baum. Dort angekommen, bellte ich erneut los und hatte somit die Katze gestellt.

Augenblicke später erreichte mich Martin mit der Leine in der Hand. Folglich hielt ich Abstand von ihm, damit er mich nicht anleinen konnte und rannte dabei weiter um den Baum herum, damit die Katze nicht entwischen konnte.

Das ging so einige Runden. Martin holte mich nicht ein. Ich rannte munter um den Baum herum, Martin hinter mir her. Das war zwar ein schönes Spiel, aber Martin gefiel es wohl nicht so gut. Ärgerlich rief er Karin herbei.

Karin kam mit einem polnischen Würstchen vom Grill in der Hand und lockte mich mit den Worten: „Leckerchen, Leckerchen!"

Während Martin hinter mir im Kreis herlief und die Katze noch auf dem Baum saß, kam Karin mit dieser lecker duftenden, polnischen Wurst direkt auf mich zu!

Ich erinnerte mich an einen Spruch der Zweibeiner, dass ein Spatz in der Hand besser als eine Taube auf dem Dach sei und dachte mir: „Das Würstchen aus der Hand ist allemal besser als die Katze auf dem Baum!" und schnappte nach der Wurst.

Dabei packte mich Karin am Halsband und hielt mich so lange fest, bis Martin kam und mich anleinte. Aus die Katzenjagd!

Jetzt weiß ich auch, woher der Spruch „Schwarze Katzen bringen Unglück" stammt – ich hätte die rotbraune Katze verfolgen sollen!

Urlaub in der Tucholer Heide

In diesen Sommerferien reiste die Familie mit mir nach Pommern. Von dort planten wir den Nationalpark Bory Tucholskie, die Tucholer Heide, zu erkunden.

Am Rande des Naturschutzgebietes hatten Freunde ein geräumiges Holzhaus für uns angemietet.

Die ersten Ferientage verliefen geruhsam und entspannt.

Auf dem Nachbarhof der Freunde gab es vier Hunde, zwei Katzen, zwei Pferde und etliche Hühner. Mit den Hunden hatte ich schnell Freundschaft geschlossen.

Vegas, Bora, Ruby und Chivo hießen die Hunde unserer Nachbarn. Während Chivo, ein stattlicher Bayerischer Gebirgsschweißhund, es liebte im Bach zu stehen und das Wasser anzubellen, begrüßte Ruby, eine schwarze Labrador-Hündin, jeden Besucher mit großer Freude und wildem Gebell. Vegas, eine Bayerische Gebirgsschweißhündin wiederum wollte von jedem Besucher ausgiebig gekrault werden. Dabei heulte sie wie ein Wolf. Und dann war da noch Bora, eine elfjährige Rauhaardackeldame. Bora liebte es, jeden Besucher ein Stückchen auf seinem Spaziergang zu begleiten. So viel zunächst von meinen neuen Freunden.

Ich hatte die Gegend schon etwas erkundet, als uns meine Freundin Tarka mit Frauchen für einige Tage besuchte. Langweilige Ferien dachte ich, doch es wurde noch spannend, ja sogar dramatisch.
Seid ihr neugierig geworden? Gut, dann erzähle ich euch in den nächsten Kapiteln von meinen Abenteuern in der Tucholer Heide.

Katzenjagd in der Heide

Karin und Martin saßen eines Nachmittags mit Freunden auf der Terrasse des Ferienhauses, tranken Tee und unterhielten sich – wie langweilig! Ich erforschte mit meiner Freundin Tarka die Gegend. Mit einem Mal hatte ich etwas in der Nase, dass mit bekannt vorkam: „Katze"! Ich machte Tarka mit einem kurzen „Wuff" aufmerksam und dann zogen wir beide schon los.

Nur wenige Meter entfernt von uns saß unter einem Baum, am Rande eines kleinen Baches, die schwarze Katze der Nachbarin! Tarka und ich sahen uns kurz an, dann war klar, ich gehe links, Tarka rechts um den Baum herum.

Die Katze hatte Erfahrung mit den Hunden der Nachbarn und fauchte uns böse an, als wir auf sie zustürmten. Sie zeigte weder Angst noch schien sie von unserem Bellen irgendwie beeindruckt zu sein. Ich stürmte auf sie zu, blieb kurz vor ihr stehen, bellte lauter und wich dann einen Schritt zurück.
Daraufhin kletterte die Katze langsam den Baum hinauf. Ich bellte und wartete, was die Katze als Nächstes tun würde. Die Katze hockte dort oben auf dem Baum und so bellte ich lauter.

Jetzt kam Martin angelaufen. Er hatte meinen eindeutigen Laut für „Katze gestellt" erkannt und war durch unser Bellen aufmerksam geworden. Die Situation kannte ich!

Ich musste ab sofort die Katze und zugleich Martin im Auge behalten. Doch hatte ich die Rechnung ohne Mirka gemacht! Die Tochter der Nachbarn kam ebenfalls angelaufen und ehe ich es begriff, packte sie mich am Wickel und leinte mich an.

Wieder mal! Aus die Jagd! Ich schaute nach oben und sah sehnsüchtig zu der schwarzen Katze mit dem weißem Fleck am Hals hinauf.

Zweibeiner sagen, schwarze Katzen bringen Unglück. Meine zweite Erfahrung mit schwarzen Katzen bestätigt diese Annahme ausdrücklich.

Wo ist Bora?

Karin und Martin liebten es, mit mir, Vegas und Bora durch die herrlich duftenden Kiefernwälder der Heide zu wandern. Nach einer solchen ausgiebigen Tour kehrten wir eines Tages in unser Ferienhaus zurück. Dort bekamen wir Hunde unser Fressen und ruhten alsdann wie gewohnt aus. Jeder Hund hatte selbstverständlich seinen persönlichen Lieblingsruheplatz im Haus!

Auch die Zweibeiner gedachten nach dem Essen etwas auszuruhen. Karin hängte noch kurz ein paar Wäschestücke auf der Leine im Garten auf und holte eine Wasserflasche aus dem Anbau des Ferienhauses. Dieser Anbau war in die Erde gebaut und diente als Vorratskammer und Lagerraum.
Martin hörte im Radio Nachrichten. Karin kam zurück und legte sich auf ihr Bett. Nach einiger Zeit bemerkte sie, dass Bora nicht wie die anderen Hunde auf ihrem Platz lag. Sie fragte Martin: „Wo ist denn Bora?", Martin antwortete: „Auf ihrem Kissen."

Doch Bora war nicht auf ihrem Kissen! Sofort wurde nach ihr im ganzen Haus, dann im Garten gesucht. „Bora, Borusch, hierher!" Zu guter Letzt wurde die Suche auf Nachbargrundstücke und das angrenzende Wäldchen ausgeweitet.

Bora war nicht zu finden. Große Sorge breitete sich bei Karin und Martin aus, denn Bora lief nie weg, eher waren Chivo und Vegas als Ausreißer bekannt.

Wir Hunde konnten bei der Suche nach Bora nicht helfen, denn Bora hatte uns gegenüber nicht angedeutet, dass sie auf Entdeckungstour gehen oder jemandem besuchen wollte.

Zunächst überlegte Martin mich als „Dogtrailer" auf die Suche nach Bora zu schicken. Dazu kam es nicht, denn er hatte einmal gelesen, dass Hunde immer zu ihrem Haus zurückfänden. So entschieden Karin und Martin, zuhause auf Bora zu warten. Schließlich sollte jemand im Hause sein, wenn sie zurückkam.

Doch Bora kam auch nach einer weiteren Stunde nicht zurück. Die Sorge wuchs, solange war Bora nie ausgeblieben. Hatte sie jemand eingefangen? War sie gar in den Bach gestürzt? Was war ihr zugestoßen?

Auf Karins Frage: „Wo steckt bloß Bora?", suchte Martin erneut im Garten und am Bach nach Bora. Er rief dabei mehrmals: „Borusch, Borusch!" Er bekam keine Antwort.

So lief er zurück zum Haus. Als er die Veranda erreichte, vernahm er ein leises Geräusch, ähnlich dem Fiepen einer Maus. Er sah unter der Verandatreppe nach, entdeckte aber nichts. Er rief erneut: „Borusch, Borusch!" Wieder hörte er kaum vernehmliches Fiepen, es schien jetzt aus dem Anbau zu kommen.

Dieser war fest verschlossen. Ein schweres Eisenschloss sicherte die Kammer vor ungebetenen Gästen. Das Geräusch ließ Martin keine Ruhe und so sah er nach, was da im Anbau piepste - eine Maus?

Er holte den Schlüssel, öffnete das Schloss, schob den schweren Eisenriegel zur Seite, riss die Tür auf und wer saß dahinter?

Bora! Oh, welch große Freude! Lautes Gebell und Gejaule folgten!

Karin hatte offensichtlich nicht bemerkt, dass die kleine Bora ihr vorhin in die Kammer gefolgt war. Sie hatte sich dann im unteren Teil des Kellers umgesehen. Karin hatte sie nicht bemerkt und beim Verlassen der Kammer eingeschlossen.

Die Zweibeiner fragen bis heute, warum die kleine Bora nicht gebellt, sondern nur gefiept hat, als man sie rief.

Möglicherweise suchte sie nach Leckerchen oder hatte sie gar ein schlechtes Gewissen?

Ich denke, Bora war neugierig, so wie wir Hunde es manchmal sind und bekam dann ein schlechtes Gewissen.

Und da gebe ich den Hundeflüsterern recht - die Menschen müssen auf uns Hunde achtgeben! Jederzeit!

Hühner hüten

Vegas hatte von ihrer zweibeinigen Mutter gelernt, die Hühner des Hofes, es waren fast vierzig, abends in den Hühnerstall zu bringen.

Wie ein Hütehund Schafe zusammen bringt, umkreist Vegas die Hühner und treibt sie in immer kleineren Kreisen in den Stall. Bei dieser Arbeit stellt sich Vegas sehr geschickt an.

An einem beschaulichen Tag in den Ferien war ich auf dem Nachbargrundstück unterwegs und sah mich dort um. Ich entdeckte in einiger Entfernung die Hühner der Nachbarn. Vegas war gerade dabei, diese zur Nacht in den Stall zu treiben.

Da konnte ich prima helfen! Also los. Ich suchte mir das nächstbeste Huhn aus und stürmte darauf zu. Es rannte davon, ich hinterher. Das war ein Spaß. Ich bekam das Huhn zu fassen und hielt es an den Schwanzfedern fest. Es riss sich los und ich hatte einige der Federn in der Schnauze.

Dies hatte die Nachbarin beobachtet und eilte herbei. Sie schimpfte mich aus! Warum? Ich half nur Vegas bei der Arbeit.

Irgendetwas hatte ich falsch gemacht. Aber was? Ich lief wie Vegas hinter den Hühnern her. Wollte sie in den Stall treiben. Vegas wurde gelobt, ich wurde ausgeschimpft! Einfach ungerecht!

Dann liefen Mirka und Martin heran und wollten, so dachte ich, dabei helfen, die Hühner in den Stall zu bringen.
Doch Martin trieb keine Hühner zusammen. Nein! Er rannte auf

mich zu. Nachdem er mich erreichte, leinte er mich an. Und erklärte mir, dass man Hühner nicht an Schwanzfedern festhalten darf!

Gut, Vegas hielt die Hühner nicht an den Schwanzfedern fest, aber ich hatte die Federn auch nur zufällig erwischt, weil das Huhn zu langsam war. Großes Ehrenwort! Martin würde mir dies sicher nicht glauben. So bemühte ich mich gar nicht, ihm das zu erklären.

Zweibeiner wissen nicht, wie man Hühner zusammentreibt und - was Spaß macht!

In meiner Heimatstadt sind mir keine freilaufenden Hühner mehr begegnet. Deshalb konnte ich nie mehr üben, sie in einen Stall zu bringen. Und weiß bis heute nicht, was ich hätte anders machen sollen.

Chivo und die Schokolade

Karin und Martin begaben sich an diesem Herbsttag in den nahen Wald, um Pilze zu sammeln. Ich freute mich, in diesem Wald gab es täglich neue Fährten und die unterschiedlichsten Düfte zu entdecken.

Karin wartete vor dem Haus, Martin schloss die Haustür ab und los ging es.

An diesem Tag fanden die Beiden besonders viele und große Pilze. Steinpilze, Maronen, Pfifferlinge und Butterpilze landeten im Korb. Ich entdeckte neue Fährten und so verlebten wir alle drei einen schönen Tag im Wald.

Zurück am Haus angekommen, schloss Karin die Tür auf und ging hinein. Oh je! Sie erschrak gewaltig! Auf dem Fußboden verstreut lagen Papierreste und Verpackungen von Hundefutter!

Waren Einbrecher am Werk gewesen? Die Tür war verschlossen gewesen und Fenster waren nicht zerbrochen.

Eher unwahrscheinlich, dass Diebe uns einen Besuch abgestattet hatten. Was war geschehen? Warum lagen Verpackungen von Hundefutter und Schokolade auf dem Boden?

Während Karin und Martin überlegten, was die Ursache für das Chaos war, trottete Chivo gemächlich aus der hintersten Zimmerecke hervor.

Er war der „Einrecher"! Oh je! Martin hatte ihn beim Verlassen des Hauses unbemerkt eingesperrt.
Chivo hatte keine Langeweile gehabt!

Er hatte meinen (!) Rucksack durchsucht, zwei Pakete meiner (!) Dentasticks geöffnet und die Sticks gefressen!

Aber das war noch nicht alles! Auf dem Boden verteilte Verpackungen von drei Schokoladentafeln, eine „Merci" und zwei „Schokolade mit Tiramisu", ließen darauf schließen, dass Chivo diese gefuttert hatte!

Auweia! Schokolade ist für Hunde giftig und verursacht womöglich Herzprobleme. Und drei große Tafeln können sogar zum Tode führen, machen einem Hund zumindest arg zu schaffen.

Karin, Martin und sogar ich sorgten uns deshalb sehr um Chivo.

Die Stunden vergingen und wir alle wurden mit jeder Stunde die Chivo überlebte ruhiger.

Spät am Abend bekam Chivo dann heftige Bauschmerzen und seine zweibeinige Mutter rief bei einem Veterinär an. Der Tierarzt riet, Chivo viel Wasser zu geben und empfahl ein Mittel, dass der Leber helfen würde. Dann sagte er noch: „Uns bleibt nur abzuwarten!"

Es wurde ein langer sorgenvoller Abend und eine unruhige Nacht. Die Zweibeiner beobachteten Chivo ganz genau. Durchfall, Erbrechen und Zittern wären Anzeichen für eine Schokoladenvergiftung gewesen. Diese Symptome blieben zum Glück aus!

Am nächsten Morgen hatte Chivo zwar noch Bauschmerzen, aber es ging ihm besser – noch einmal gutgegangen!

Es wurde übrigens nie wurde geklärt, wann und wie er überhaupt ins Haus gelangte.

Ausflug ins Münsterland

Meine Cousine Nirwana hat das Glück, auf einem Bauernhof im Münsterland zu leben. Sie läuft den ganzen Tag ohne Leine und darf sogar ab und zu unbeaufsichtigt in den benachbarten Wald. Welch ein glücklicher Hund!

Nirwana wurde zu einem DiabDog ausgebildet.

Diese Ausbildung wollte Gosia, meine erste zweibeinige Mutter, in Augenschein nehmen. So waren sie und Tochter Anja sogar aus meiner alten Heimat Pommern angereist und begleiteten Karin und Martin auf dem Ausflug ins Münsterland.

Nirwanas Eltern begrüßten uns alle herzlich und luden zum Essen ein. Vor der Mahlzeit beschlossen die Zweibeiner eine Gassi-Runde zu drehen und ich durfte mit. Ohne Leine! Hurra! Eine wichtige Tatsache für das folgende Geschehen!

Wir spazierten einige hundert Meter und gelangten in den nahen Wald. Ich prüfte die Luft und bemerkte – Rehe!

Ei, ich lief schnurstracks tiefer in den Wald, immer der Nase nach! Der Geruch war so verführerisch!

Leider verlor ich an einem Bach die Fährte und kam unverrichteter Dinge zu den Zweibeinern zurück.

Diese hatten mich mehrfach gerufen und waren offensichtlich über meine Bemühungen, Rehe für sie zu finden, nicht sehr erfreut. Sie hatten sich gesorgt und waren dementsprechend nicht so gut gelaunt.

Ich schloss dies daraus, weil Anja mich wortlos anleinte und die Leine Martin übergab. Auch von ihm bekam ich kein Wort des Dankes oder gar ein Lob zu hören.

Still gingen wir alle zum Haus zurück. Dort gab es leckeres Essen für die Zweibeiner. Nirwana und ich bekamen eine kleine Leckerei.

So hatten wir Hunde doch noch einen schönen Tag.

Wieder einmal hatten Zweibeiner meinen Einsatz für sie nicht gewürdigt. Ehrlich, ich verstehe sie mitunter nicht!

Hundsgeschichten

Tante Hedwig und die Mundharmonika

Im Februar des Jahres waren Karin, Martin und ich zum Geburtstag von Martins Vater eingeladen. Es waren viele zweibeinige Familienmitglieder zusammengekommen und saßen im Wohnzimmer bei Kaffee und Kuchen.

Karin hatte, wie üblich, mein Kissen mitgebracht, damit ich auch außer Haus stets einen geeigneten Platz zum Ausruhen hatte. Ich döste in einer Ecke des Wohnzimmers so vor mich hin.

Unterdessen kündigte Tante Hedwig, Schwester von Martins Vater, an, sie werde dem Geburtstagskind jetzt ein Ständchen bringen. Dazu benötigte sie eine „Mundharmonika", ein Instrument, das sie aus ihrer Tasche im Flur holen wollte. Noch im Korridor begann Hedwig auf diesem Gerät, das Lied: „Es lebe das Geburtstagskind" zu spielen.

Im Halbschlaf vernahm ich ein furchteinflößendes Geräusch! Es kam aus dem Flur! Ich sprang von meinem Kissen auf und rannte laut bellend in den Korridor: „Alarm! Angriff! Rudelmitglieder macht euch bereit!".

Im Flur sah ich dann, wie Tante Hedwig etwas, das mich an einen kleinen Knochen erinnerte, im Mund hielt. Sie kaute jedoch nicht darauf herum, sondern blies hinein!

Sofort erklang wieder dieses grausame Geräusch.

Ich eilte auf Hedwig zu, wollte ihr beistehen.

Wie sie aber sah, dass ich auf sie zu sprintete, erschrak sie und flüchtete ins Schlafzimmer.

Während ich abwartend im Flur aufpasste, dass fortan niemand mehr die Geburtstagsfeier stören würde, hielten sich die zweibeinigen Gäste vor Lachen den Bauch.

Karin sagte zu mir: „Keine Angst, Hedwig hat nur ein Lied für das Geburtstagskind auf der Mundharmonika gespielt!"

Und Martin rief Hedwig im Schlafzimmer zu: „Du kannst wieder herauskommen, alles ist in Ordnung, Hailey wird dir nichts tun!"

Da verstehe einer die Welt der Zweibeiner. Ich stürze mich todesmutig auf den lautstarken Angreifer und warne die Menschen. Und diese lachen laut. Sie haben die Gefahr nicht erkannt!

Seit diesem Tage kenne ich den Klang einer Mundharmonika und weiß, wie grauenvoll dieses Instrument klingt.

Tante Hedwig macht übrigens seit diesem Tag einen großen Bogen um mich.

So verschafft man sich Respekt, da können die Zweibeiner etwas von mir lernen!

Klaus und das Frühstück

Martins Freund aus dem Aquajoggingkurs besucht uns manchmal zum Frühstück. Einmal brachte er viele Brötchen mit und Martin deckte den Tisch mit Wurst, Käse, Marmelade, Butter und Eiern. Lauter Leckereien, die auch ich mag.

Die beiden unterhielten sich über Autos, TÜV und weitere unwichtige Dinge. Vom Tisch bekam ich mal wieder nichts ab, also zog ich mich auf mein Kissen zurück.

Nach einer halben Stunde bemerkte ich, dass es Klaus schlechter ging. Er begann zu schwitzen und verbreitete dabei einen mir vertrauten Duft.

Deshalb lief ich zu ihm, schnupperte an seinen Händen, versuchte, an seinem Mund zu riechen und ihn zu lecken. Ich wollte Klaus mitteilen, dass hier etwas nicht in Ordnung sei.

Martin bemerkte mein hartnäckiges Schnuppern und deutet es richtig: Klaus ging es schlecht! Er fragte ihn: „Irgendetwas scheint Hailey zu beunruhigen, könnte sich dein Blutzuckerwert verändert haben?"

Klaus antwortete: „Ja, wäre gut möglich, ich hatte beriets zuhause einen recht hohen Blutzuckerwert. Jetzt habe jetzt drei Brötchen gegessen, da ist mein Blutzuckerwert ganz gewiss gestiegen."

Ich staunte, drei Brötchen! Wenn ich soviel Brötchen gegessen hätte, wäre ich aber pappsatt!

Martin überzeugte Klaus, den Blutzuckerwert zu bestimmen. Dieser lag bei 304! Ein wahrlich besorgniserregendes Ergebnis!

Diese Gefahr hatte ich bemerkt! Immerhin hatte Martin mich zu einem Diabetikerwarnhund ausgebildet. Als DiabDog hatte ich die Aufgabe, Veränderungen im Blutzuckerhaushalt eines Menschen festzustellen und anzuzeigen. Erfolgreiche Arbeit! Ich war stolz auf mich!

Martin freute sich an diesem Tag mächtig über meine Anzeige, denn er hatte erkannt, dass ich nicht nur den Abfall, sondern auch einen Anstieg des Blutzuckers sicher wahrnehmen kann. So bekam ich eine dicke Belohnung. Ein gelungener Tag!

Mein Herrchen war sehr stolz auf meinen Erfolg und berichtete bei jeder Gelegenheit von „dem Frühstück mit Klaus" und meiner Leistung.

Mal ein Talent, dass Zweibeiner zu schätzen wissen.

Verletzt

Einmal, ich war noch recht jung, sprang ich von Martins Schoß auf den Fliesenboden. Dabei landete ich so unglücklich, dass ich mir eine Pfote verletzte. Nun humpelte ich auf drei Pfoten durch das Haus.

Da war die Aufregung bei den Zweibeinern groß!

Alle schauten sich meine Pfote an. Es war keine äußerliche Verletzung sichtbar. Aber ich humpelte auf drei Pfoten durch das Zimmer!

So rief man meinen Tierarzt an. Dieser beruhigte und sagte, dass man mich beobachten möge, vielleicht hätte ich mir die Pfote nur vertreten.

Tatsächlich lief ich nach kurzer Zeit wieder auf allen vier Pfoten! Später schmerzte die Pfote abermals und ich humpelte erneut durch das Haus.

So fuhren wir doch noch zum Doktor. Dieser untersuchte mich und stellte eine Zerrung oder Überdehnung meiner Pfote fest. So genau habe ich nicht zugehört, als der Tierarzt meinen zweibeinigen Eltern die Diagnose erläuterte.

Die Pfote war jedenfalls nicht gebrochen. Karin und Martin waren glücklich und ich auch!

Sonst hätte ich längere Zeit mit einer eingegipsten Pfote durch die Welt laufen müssen.

Trunksucht

Wenn ein Hund zum Trunkenbold wird, ist immer ein Mensch schuld! Diese Erkenntnis habe ich gewonnen, als sich Folgendes ereignete. Aber der Reihe nach.

Eines Abends öffnete Martin eine Flasche mit einem roten Getränk und schüttete die Flüssigkeit in ein besonderes Gefäß. Heute weiß ich, dass es sich um ein Weinglas handelte.

Er trank aus dem Glas in kleinen Schlucken und zog dabei manchmal Luft durch die Lippen. Es schien ein leckeres Getränk zu sein.

Mich hatte er aber nicht bedacht und so bekam ich nichts von diesem wohl ach so köstlichen Trank ab.

Als Martin in die Küche ging, ließ er das Glas auf dem Tisch stehen.

Die Gelegenheit! Ich beeilte mich, sprang auf den Stuhl und erreichte mit den Vorderpfoten den Tisch.

Alsdann schlürfte ich genüsslich aus dem Glase. Ein süßer merkwürdiger Geschmack, aber ich hätte mich sicher daran gewöhnen können, wenn nicht in diesem Moment Martin zurückgekommen wäre.

Auweia! Da musste ich mir etwas anhören! „Hailey, das ist Wein, das ist Alkohol, nichts für Hunde!", rief Martin besorgt, „kein Getränk für dich! Von Alkohol wird dir übel und du bekommst einen Kater!"

Ich erschrak und sprang sofort auf den Boden, bekam obendrein ein schlechtes Gewissen.

Natürlich war das Getränk nicht für mich vorgesehen!

Wäre dieser Tropfen für mich bestimmt, hätte Martin mir sicherlich einen Napf damit auf den Boden gestellt.

Aber geschmeckt hat es mir auch!

So schlich ich mit schlechtem Gewissen davon und musste mir anhören, Alkohol sei äußerst schädlich für Hunde und mache abhängig. Außerdem verursache er Kopfschmerz und Übelkeit!

Aha, Vierbeiner bekommen Kopfweh und ihnen wird unwohl vom Alkohol. Was ist mit den Zweibeinern?

Und wäre ich wirklich von diesem einen Glas Wein zu einem Alkoholiker geworden?

Ich kann Martins Logik nicht folgen! Seiner Meinung nach wäre ich an nur einem Tag zum Trinker geworden. Da wäre er doch auch ein Trunkenbold – oder?

Jedenfalls hat es das Schicksal an diesem Tag besonders gut mit mir gemeint! Ich wurde weder Gewohnheitstrinker noch abhängig!

Doch ok, seit diesem Tag habe ich keinen Tropfen mehr angerührt! Ehrlich!

Hundewetter

In meiner Heimatstadt regnet es leider häufig. Und manchmal kommt es dabei echt „Dicke".

Die Zweibeiner meinen damit, dass es ausgiebig regnet, windig bis stürmisch ist und „man" am liebsten gar nicht vor die Tür geht.

Eher in Pantoffeln vor einem eckigen Kasten sitzt und sich bunte bewegte Bilder ansieht. Einfach zum Gähnen.

Aber wenn Zweibeiner einen Vierbeiner im Hause haben, „müssen" sie raus, weil wir Hunde eben ab und zu „müssen". Und so war es auch an diesem späten Frühlingstag.

Ich schaute verlangend zur Tür und Martin erkannte, es ist wieder einmal so weit, „wir müssen". Also setzte er sich seine Schirmmütze auf, damit seine Brille nicht nass wird, zog sich eine Jacke an und rief „Linka".

Damit meinte er, ich sollte zu ihm eilen, damit er mich anleinen konnte. Ok, ich kam und wurde angeleint.

Dann ging er vor mir aus dem Hause. Das war für ihn wichtig, weil Hundeflüsterer es behaupten. Es klappte alles wie geplant!

Wir überquerten eine Straße und gingen auf dem Fußweg zu „unserem" Wald, als uns eine äußerst elegante Dame entgegenkam.

Schicke Jacke, eleganter Rock, nach meiner Einschätzung von einem Modeschöpfer aus Paris. Beschützt wurde sie von einem riesigen, schwarzweiß gestreiften Regenschirm.

Auf gleicher Höhe rief Martin freundlich „Guten Tag, was für ein Wetter!", und wollte rasch weitergehen.

Die Dame entgegnete freundlich: „Ja wirklich, bei dem Wetter schickt man keinen Hund vor die Tür!", und ging still lächelnd weiter!

Martin schaute mich verdutzt an und sagte dann nachdenklich zu mir: „Glaubt die Dame denn wirklich, ich hätte dich vor die Tür geschickt?", und mit voller Überzeugung in der Stimme folgte noch, indem er mich ernst ansah: „Du hast auf die Tür geschaut!"

Nun schaute ich recht verdutzt drein, dachte mir mal wieder meinen Teil und ging wortlos weiter, denn in einer halben Stunde sind wir wieder im Trockenen und ich bekomme mein Fressen.

Alles andere war mir in diesem Moment egal!

Seehund

Ich bin bekanntlich kein Seehund, sondern eine Bayerische Gebirgsschweißhündin. Gleichwohl können wir Gebirgshunde nicht nur gut klettern, sondern auch ausdauernd schwimmen, wenn man uns nur lässt.

Ich konnte von Geburt aus schwimmen, hatte aber bis zum Alter von einem Jahr keine Gelegenheit dazu.

Im Urlaub mit meinen zweibeinigen Eltern änderte sich das. Unser Ferienhaus lag an einem See. Täglich spazierten wir dorthin und Karin und Martin sprangen begeistert in das Wasser. Ich stand am Seeufer und schaute ihnen zu.

Anfangs folgte ich ihnen trotz Einladung nicht in den See. Doch schließlich und endlich stand ich das erste Mal im See und stellte fest, ich konnte im Wasser laufen!

Wieder am Ufer warf Martin ein Stöckchen ins Wasser und ich sollte es ihm zurückbringen. Zunächst lief ich, wie soeben geübt, im Wasser hin zum Stöckchen. Plötzlich berührten meine Pfoten den Grund nicht mehr. Doch mein Kopf blieb über Wasser! Ich schwamm! Weiter in Richtung Stöckchen. Ich erreichte es und brachte es Martin. Dafür gab es eine kleine Belohnung. Von nun an liebte ich das Wasser. Besonders an heißen Sommertagen bot mir so ein Bad im See Abkühlung und Erfrischung!

Doch merkwürdig, nicht immer findet meine Begeisterung für das kühle Nass bei Zweibeinern Verständnis.

Einmal waren wir von Freunden im Ostwestfälischen in ein Hotel eingeladen. Wir trafen dort Freunde, die ebenfalls mit Hund angereist waren.

Die Zweibeiner erkundeten zunächst mit uns Hunden das Gelände. Es war sehr warm an diesem Tag.

Wir liefen über riesige Rasenflächen und kamen zu einer grünen Stelle, welche von einer Mauer umsäumt war.

Ich witterte „Wasser“! Also rannte ich, ohne auch nur einen Moment zu zögern, los und sprang beherzt in das grüne Etwas! Es war ein Teich! Und in diesem schwammen Karpfen!

Furchtlos schwamm ich mit den großen Fischen herum! Hurra! Eine herrliche Abkühlung!

Die Zweibeiner sahen sich fassungslos an. Ich war fürwahr in den Karpfenteich gesprungen!

Sie riefen mir etwas zu. Ich war mit den Ohren unter Wasser und hörte nichts. Das war ein Spaß. Die Karpfen schwammen mit mir um die Wette. Ein einmaliges Erlebnis!

Selbstverständlich verließ ich nach kurzer Zeit den Teich. Auf dem Rasen wurde ich von besorgten Zweibeinern empfangen. Diese waren froh, dass ich unversehrt zurück war. So musste ich mir nicht einmal unfreundliche Worte anhören.

Im Hotel trocknete mich Karin mit einem flauschigen Handtuch ab. Ein herrlicher Urlaubstag - zumindest für mich!

Geldsuche

Im Fernsehen lief neulich ein Beitrag über Geldspürhunde. Diese Kumpels von mir überprüfen an der Schweizer Grenze Autos und Gepäck auf illegal ein- oder ausgeführtes Bargeld.

Selbstverständlich dürfen meine Artgenossen das Geld nicht behalten, wenn sie es finden! Sie werden mit Bällen zur Belohnung oder einem Leckerli abgespeist.

Martin brachte dieser Beitrag auf den Gedanken, dass auch ich Geld suchen könnte. Nur so zum Zeitvertreib natürlich.

So versteckte er eines Tages einen 10 Euro-Schein im Garten. Dann ließ er mich an seinem Portemonnaie mit den Geldscheinen riechen und gab mir den Befehl „Such"!

Ich liebe Suchspiele und unser Garten ist klein. So brauchte ich nicht lange, der Spur des Geldes zu folgen und den Geldschein aufzuspüren. Aus dem Buchsbaum am Rande des Grundstückes drang der Duft zu mir herüber.

In wenigen Minuten hatte ich den Geldschein gefunden! Weil ich ein netter Hund bin, brachte ich Martin den Schein gleich zurück!

Sein Gesicht hättet ihr sehen sollen! Voller Stolz lobte er „meine gute Nase".

Fortan konnten wir Freunde und Besucher in höchstes Erstaunen versetzen, wenn ich mal wieder in kürzester Zeit das Geld, welches sie im Garten versteckt hatten, fand.

Martin bietet von nun an Freunden manchmal eine Wette an.

Sollte es mir nicht innerhalb von 10 Minuten gelingen, den von ihnen im Garten versteckten Geldschein zu finden, würde Martin den Wert dieser Banknote an die Freunde auszahlen. Ansonsten würde Martin den Schein behalten.

Bisher hat Martin nicht ein einziges Mal die Wette verloren! Er hat übrigens die Geldscheine nie behalten, die ich gefunden hatte. Die Freunde bekamen sie selbstverständlich zurück.

Ich bekam jedes Mal eine kleine Belohnung für meine Arbeit.

Und so werden wir dieses Spiel sicherlich noch manches Mal wiederholen.

Überraschungseier

In meinem Haus gibt es einen Keller. Diesen darf ich aber seit jenem Ereignis, von dem ich euch jetzt erzählen werde, nicht mehr betreten. Bis zu diesem denkwürdigen Tag strich ich gern im Keller herum. Da ist es im Sommer angenehm kühl und es riecht gut. Karin versteckt dort manchmal leckere Sachen!

Eines Tages stöberte ich im Keller herum und entdeckte in einem Schrank, in welchem Karin Stoffe aufbewahrt, ein Schokoladen-Ei für Kinder! Welch eine Entdeckung!

Stolz brachte ich meinen Fund nach oben und zeigte ihn Karin. Voll der Vorfreude auf eine dicke Belohnung. Karin hätte das Ei sicher nie an diesem Ort gesucht oder gar gefunden. Nur eine kleine Ecke hatte ich von dem Schokoladen-Ei probiert.

Doch als Karin mich mit dem Ei sah, rief sie: „Oh je, ein Schoko-Ei!", und: „Hoffentlich hast du nicht schon davon probiert!"

Schokolade ist, wie ihr bereits erfahren habt, für Hunde giftig. Karin nahm mir meinen Fund sofort ab.
Verdutzt schaute ich aus dem Fell und hörte Karin sagen:
„Schokolade ist so gefährlich für dich! Ab sofort ist der Keller für dich tabu!"

Meine Ausflüge in den Keller waren für immer vorbei. In diesem Fall war Karin so konsequent, wie es Hundeflüsterer fordern, leider! Aber versteht ihr das? Ich nicht. Ich gebe den gefundenen Schatz ab und erhalte statt der erwarteten Belohnung eine Standpauke!

Wurst und Beute

Allgemein ist bekannt, dass wir Hunde im Rudel leben und gemeinsam jagen. Beute wird nach Rangordnung im Rudel aufgeteilt.

Bei uns zuhause sieht dies so aus: Wir jagen nicht, aber meine Rudelmitglieder kennen andere Futterquellen. Von der Beute bekomme ich natürlich zuerst meinen Anteil. Dann bekommen die übrigen Mitglieder ihren Teil.

Natürlich wollte ich wissen, woher die Beute stammt.

Einmal nahm Martin mich mit in ein Geschäft, in dem es verdammt gut nach Leberwurst, Fleisch und so roch. Ich musste das Geschäft aber sofort wieder verlassen und so war es mir nicht möglich zu beobachten, wie Martin sich an die Beute anschlich und wie er sie erlegte.

Während ich mit Karin vor dem Geschäft auf Martin wartete, beobachtete ich durch die Glastür, wie Martin seine Geldbörse nahm und der Frau hinter der Glastheke einen Geldschein daraus zusteckte.

Es war die Geldbörse, an der ich rieche, um anschließend Geld im Garten zu suchen soll. Diesmal wurde ich nicht aufgefordert, nach Geld zu suchen. So scheint die Übergabe eines Geldscheines eine Zeremonie der Zweibeiner nach erfolgreicher Jagd zu sein. Merkwürdig. Jedenfalls kam Martin mit der Beute aus dem Geschäft. Das habe ich „gerochen".

Das Jagdverhalten der Menschen ist mir fremd, aber da ich meinen Anteil bekomme, ist es mir „wurscht", im wahrsten Sinne des Wortes.

Wildschweinjagd

Wenn wir schon bei Themen wie „Wurst" und „Beute" sind, schildere ich euch jetzt meine erste richtige Jagd.

Mit fünf Jahren wurde ich eines Tages von Martin und einer Freundin in ein großes Waldstück geführt. Beide trugen grüne Kleider und mir wurde ein besonderes Geschirr angelegt. Wir gingen einige hundert Meter in den Wald hinein.

Dann zeigte Martin auf eine Stelle des Bodens, an der ich Witterung aufnehmen sollte. Ein strenger Geruch drang in meine Nase. Er musste von einem Ungeheuer stammen. Ich hatte diesen Gestank schon ab und zu bei Spaziergängen im Wald wahrgenommen.

Ich schnupperte aufmerksam auf dem Boden. Dann sagte Martin „Such"! Ich folgte der Spur langsam und gewissenhaft einige hundert Meter durch den Wald.

Urplötzlich roch es sehr intensiv nach Ungeheuer. Und dann sah ich es, nur wenige Meter vor mir. Es stand bewegungslos da, war riesig und hatte ein Fell mit langen Borsten. Zum Fürchten!

Mutig näherte ich mich ihm. Da bewegte sich das Ungeheuer langsam auf mich zu. Erschrocken wich ich bellend zurück.

Beherzt näherte ich mich ihm erneut. Es bewegte sich nicht mehr. Ich bellte es besonders laut an. Es rührte sich keinen Millimeter vom Fleck. So nahm ich an, das Ungeheuer sei vor Schreck durch mein Bellen gestorben.

Zum Glück!

Sollte ich zukünftig Ungeheuer anbellen, bis sie sterben? War das meine Aufgabe? Ich war verstört.

Meine erste Jagd war aber offenkundig erfolgreich, denn Martin freute sich und lobte mich für meine Arbeit.

Ich hatte gelernt, wie so eine Jagd abläuft. Zunächst Geruch aufnehmen, dann der Spur folgen, Monster stellen und verbellen. Das war's.

Für Martin und seine Helferin war die Jagd noch nicht vorbei. Die Beute, das Ungeheuer, wurde von beiden zusammengerollt und in eine riesige Tasche verpackt.

Ich bekam zuhause einen großen Knochen zur Belohnung, mein Anteil an der Beute.

Das Ungeheuer wurde von Menschen als „Wildschweinfell" oder „Wildschweinschwarte" bezeichnet.

Erst viel später hörte ich zufällig aus einem Gespräch heraus, dass Martins Gehilfin das Monster auf mich zu bewegt hatte. Es war womöglich nicht erst durch mein Bellen gestorben.

Kinder

Menschen nennen ihre Welpen „Kinder". Und diese haben nach meiner Erfahrung eine besondere Beziehung zu uns Vierbeinern.

Entweder laufen sie ängstlich schreiend vor uns davon – hin zu großen Zweibeinern und rufen „Wauwau böse!"

Oder sie laufen auf uns zu, rufen „Wauwau, Wauwau!", und umarmen uns so fest, dass wir um unser Leben fürchten.

Beide Verhaltensweisen bringen uns Vierbeinern Nachteile.
Laufen wir zu den Kindern, weil wir an ihnen schnuppern möchten, schreien sie und wir werden angeleint oder weggesperrt.

Kommen die Kinder auf uns zu, haben wir auch nichts zu lachen. Die Kinder umarmen uns, stecken gern ihre Fingerchen in unsere Ohren, manchmal in unsere Schnauze oder sogar in die Augen und drücken und küssen uns ohne Pause.

Also, wie gesagt, beide Situationen sind für uns Vierbeiner nicht leicht zu bewältigen. Bellen wir, laufen die Kleinen weg und wir bekommen Ärger mit den Großen. Sind wir ruhig und gelassen, müssen wir uns allerhand von Kindern, ich nenne sie Pinselek, gefallen lassen.

Ich selbst musste erleben, dass ein solcher Pinselek auf einem Spaziergang alle zehn Meter hinter einem Baum hervorsprang und mich umarmte und herzte.

Ihr könnt mir glauben, ich war heilfroh, als diese Wanderung endete!

Und knurren oder kneifen wir in solchen Situationen, müssen wir um unser Leben fürchten. Oder wir werden mit „Abgabe ins Tierheim" bedroht.

Das ist bei uns Vierbeinern zum Glück anders geregelt. Unsere Kleinen haben bei uns einige Rechte, die große Hunde nicht mehr haben. So dürfen Welpen uns schon einmal vorsichtig in Rute oder in Ohren zwicken, ohne dass wir sie gleich in ein Tierheim bringen wollen.

Apropos Tierheim. Ich habe noch nie ein solches Heim gesehen, aber Zweibeiner berichten schreckliche Dinge darüber. Wenn stimmt, was ich hörte, sind es keine Heime sondern Gefängnisse!

Und, wie gesagt, wenn wir Vierbeiner es zu toll treiben, gibt es Kniffe oder Zwicke mit Pfote oder Schnauze von den älteren Hunden und wir trollen uns brav davon. Keiner redet mehr darüber, ja so einfach kann das Leben sein.

Hundeflüsterer und schlechte Angewohnheiten

Ich wollte mich gar nicht schriftlich über Hundeflüsterer äußern, aber da meine Familie so viel von diesen „Zauberern" hält, muss ich das Thema hier behandeln. Ich hatte es am Anfang des Buches schon angekündigt.

In meiner Familie haben alle Mitglieder mindestens drei Bücher dieser besonderen Hundetrainer studiert. Sie glauben nun, dadurch seien sie selber zu Hundeflüsterern geworden!

Das ist ungefähr so, als wenn ich mir eine Anleitung zum Bau einer Rakete durchlese und dann eine Rakete baue. Ihr ahnt schon, die Rakete wird niemals fliegen.

Und so ist es mit Büchern von Hundeflüsterern. Diesen Zauberern auf zwei Beinen gelingen die tollsten Zauberstücke. Sie schaffen es, aus einem wirklich bösen Hund einen zahmen Schoßhund zu machen.

Aber wenn ein gewöhnlicher Mensch diese Zaubertricks aus den Büchern nachmacht, wird aus einem bösen Hund höchstens ein verrückter Hund, niemals aber ein Schoßhund!

Und warum ist das so? Vielleicht, weil wir Vierbeiner keine Bücher lesen.
Wenn Menschen Hunde genau beobachten, unsere Körpersprache verstehen und uns entsprechend anleiten, können auch sie „zaubern".

Sie erziehen einen treuen Gefährten für sich und ihre Familie. Und müssen dabei nicht flüstern. Allerdings klappt dies nur, wenn die

Zweibeiner ihre Anweisungen konsequent durchsetzen. Das habe ich schon erwähnt, nicht wahr?

Mit Liebe und Konsequenz können Menschen ihren Vierbeinern schlechte Angewohnheiten abgewöhnen, ganz ohne Zauberei.

Und was sind schlechte Angewohnheiten? Wir Vierbeiner nehmen gern alles in die Schnauze und prüfen, ob es essbar oder nicht essbar ist. Das ist keine Angewohnheit, das ist Instinkt!

Da wir den Wert von Gegenständen nicht kennen, ist es uns gleich, ob wir Prada- oder Turnschuhe „probieren".

Zweibeiner sehen dies nicht so gelassen. Eine Freundin hat mir berichtet, dass sie ein paar teure Schuhe, es waren nicht einmal Prada, ein wenig angeknabbert hatte. Sie bekam großen Ärger.

Auch Bücher, Kissen oder Decken sind tabu! Anknabbern von Möbelstücken oder Teppichen? Ebenfalls unerwünscht!

Zweibeiner sind da sehr empfindlich, gut, dass dies bei mir zuhause anders ist. Einmal habe ich Karins Brille etwas angeknabbert, wirklich nur den Plastikbügel. Karin hat nicht einmal mit mir geschimpft, sie hat nur laut angemerkt: „Da hätte ich besser auf meine Brille aufpassen müssen!"

Ja, so geht es in Familien zu, in denen viele Bücher von Hundeflüsterern im Bücherregal stehen, die gelesen wurden!

Bei Befolgung meiner Anleitung aber bitte keine Wunder erwarten, ihr habt es mit Vierbeinern zu tun.

Hailey auf der Erbse

Dieses letzte Kapitel muss Martin erzählen, denn ich bin an dieser Stelle befangen.

Die Zweibeiner, die mit mir leben, meinen, ich sei verwöhnt wie die berühmte Prinzessin auf der Erbse.

Das stimmt gar nicht! Aber dazu soll Martin etwas schreiben. Ich bedanke mich bei euch, liebe Leserin und lieber Leser, dass ihr mir bis hierhin aufmerksam gefolgt seid. Und, bevor Ihr einen Hund ins Haus holt, lest bitte die Bücher von Hundeflüsterern, die auch Karin und Martin gelesen haben. Damit eure Vierbeiner es genauso gut haben wie ich!

Es fällt mir, Martin, nicht leicht, Hailey als Prinzessin auf der Erbse zu sehen. Aber anscheinend habe ich, haben wir Familienmitglieder sie doch arg verwöhnt. Dies glauben Sie mir nicht?

Gut, ich zähle ein paar Beispiele auf.

Zum Einen schläft Hailey gerne zugedeckt. Wenn sie meint, es sei Zeit zum Schlafen, springt sie in ein Bett oder auf das Sofa und schaut in die Runde. Wer vom Personal ist in der Nähe? Ist kein Zweibeiner in Sichtweite, bellt Hailey: „Deckt mich zu!", und wartet, bis jemand herbeieilt und sie zudeckt.

Kommt niemand schnell genug herbei, bellt Hailey lauter. Also: „Personal, schnell herbei! Sonst werde ich noch lauter!" Sobald sie dann jemand zugedeckt hat, ist ihre Welt in Ordnung und wir Zweibeiner haben vorerst Ruhe.

Ein anderes Beispiel: Hailey hat Hunger. Wenn es „ihre" Zeit ist, kommt sie und berührt uns mit ihrer Pfote, gibt entsprechende Laute und will, dass wir ihr hinterherlaufen und sagen: „Zeige mir, was du willst."

Folgen wir ihrem Wunsch, geht es in die Küche! Bekommt sie ihren Napf, haben wir Ruhe. Kommen wir ihrem Wunsch nicht nach, müssen wir energisch dafür sorgen, dass Hailey noch wartet, denn manchmal verkennt sie die Uhrzeit.

Um nun auf die Erbse zu kommen, muss ich erwähnen, dass Hailey es nicht mag, auf kaltem oder gar nassem Boden zu sitzen. Sie schätzt einen trockenen Platz zum Sitzen oder Liegen. Mit einem Kissen oder einer Decke unter ihrem Bauch!

Wenn jemand Hailey nach einem Schläfchen auf nacktem Boden fragen würde: „Wie hast du geschlafen?", würde sie sicherlich antworten: „Ich konnte kein Auge zumachen, weil der Boden so hart war!"

Der Vergleich mit der Königstochter aus dem Märchen „Die Prinzessin auf der Erbse" ist zu recht gewählt.

Ein weiteres Beispiel dafür. Wenn Hailey ruht und man sie vorsichtig hinter den Ohren krault, dreht sie sich prompt um und zeigt ihren Bauch: „Bitte auch hier kraulen"!

Verzeihen Sie, liebe Leserin, lieber Leser, dass der Buchtitel Sie vielleicht auf den Gedanken brachte, wir hätten Hailey jemals auf einer Erbse schlafen lassen. Nein! Niemals! Direkt nach dem Sprung auf das oberste Kissen hätte Hailey gerufen: „Weg mit dem Stein unter meinem Hinterteil!"